W0216789

Eine Hörversion dieser Geschichte wurde in der Reihe „Ohrenbär“
des Rundfunks Berlin-Brandenburg gesendet.

Bibliografische Information der Deutschen Nationalbibliothek
Die Deutsche Nationalbibliothek verzeichnet diese Publikation
in der Deutschen Nationalbibliografie;
detaillierte bibliografische Daten sind im Internet
über http://dnb.ddb.de abrufbar.

Das Wort **Duden** ist für den Verlag
Bibliographisches Institut GmbH
als Marke geschützt.

Alle Rechte vorbehalten.
Nachdruck, auch auszugsweise, vorbehaltlich der Rechte,
die sich aus den Schranken des UrhG ergeben, nicht gestattet.
© Duden 2006; Nachdruck 2011 D

Bibliographisches Institut GmbH
Dudenstraße 6, 68167 Mannheim
Redaktionelle Leitung: Eva Günkinger, Nele Thiemann
Lektorat: Sophia Marzolff
Fachberatung: Ulrike Holzwarth-Raether
Herstellung: Claudia Rönsch
Layout und Satz: Michelle Vollmer, Mainz
Illustration Lesedetektive: Barbara Scholz
Umschlaggestaltung: Mischa Acker
Druck und Bindung: Print Consult GmbH
Oettingenstraße 23, 80538 München
Printed in Czech Republik
ISBN 978-3-411-70794-2

Ausgesondert

Lesedetektive

Der Geist aus dem Würstchenglas

Martin Klein

mit Bildern von Patrick und Frauke Wirbeleit

Dudenverlag
Mannheim · Zürich

Inhalt

1. Theodors Rettung

Antons Geheimversteck war so geheim, dass nicht einmal der amerikanische Geheimdienst davon wusste. Sein Schlupfwinkel war in einem Holzschuppen verborgen, der in der hintersten Gartenecke aus einem großen Fliederbusch hervorlugte. Das alte Häuschen war mit allem möglichen Gerümpel vollgestopft. Latten und Bretter in allen Größen, Drahtrollen, Eimer, Töpfe und Gartengeräte türmten sich übereinander. Kaum zugänglich stand ein alter Schrank in der hintersten Ecke. Er hatte oben zwei schief hängende Türen und unten eine große Schublade.
Auf den ersten Blick erschien er so voll mit rostigem Werkzeug, alten Kisten und Dosen mit eingetrockneter Farbe, dass niemand auf den logischen Gedanken kommen konnte, hier könnte sich das Geheimversteck eines neunjährigen Jungen befinden.
Anton hatte den mit Kissen und Decke gemütlich hergerichteten Platz so geschickt getarnt, wie es sich für ein Geheimversteck gehört. Zwei heimliche Mitwisser gab es aber doch. Der erste war Antons Mutter, die ständig auf unlogische Gedanken kam, und der andere Trixi, die Dackeldame. Die kümmerte sich auch

nicht um Logik und verließ sich allein auf ihre Nase. Zum Glück tat die Mutter so, als wüsste sie nichts. Anton wiederum tat so, als wüsste er nicht, dass sie nur so tat, als wüsste sie nichts. Trixi verriet sowieso nichts und so blieb das Geheimversteck geheimer als geheim.
Anton war gerade schlecht gelaunt auf dem Weg dorthin. Er wollte in aller Ruhe schmollen, ohne dass ihn jemand mit aufmunternden Bemerkungen davon abhielt. Er schlüpfte unter einem schräg an der Wand lehnenden Bretterstapel hindurch, umkurvte eine Rolle Dachpappe und verschwand in dem schmalen Spalt zwischen den beiden schief in den Angeln hängenden Schranktüren.

Nun saß Anton in schummrigem Licht gegen eine Seitenwand gelehnt da und knurrte mit seinem leeren Magen um die Wette. Er hatte sich vorgenommen, so lange sauer zu sein, bis er sich in eine Zitrone verwandelte. Das hatte seine Mutter dann davon. Kein Sohn mehr da, stattdessen nur eine riesige, ungenießbare gelbe Frucht. Die anderen Mütter würden beim Kaffeeklatsch von ihren tollen Kindern erzählen, und sie würde sich nicht mehr hintrauen, weil sie nur noch eine Zitrone von der Größe Antons hatte. Tja, selbst schuld.
Seine Mutter hatte nämlich Blumenkohlsuppe gekocht. Schon der Gedanke daran tat seinen Geschmacksnerven weh. Anton hasste alle Suppen. Nur Kohl war noch schlimmer. Das Schlimmste war, dass es so viel davon gab:
Blumenkohl, Spitzkohl, Rotkohl, Weißkohl und so weiter. Ein Gericht aber war das Allerschlimmste. Noch furchtbarer als Blumenkohl oder Suppe: genau – Blumenkohlsuppe.

Anton seufzte tief auf. Warum durfte er nicht drei Mal am Tag Wiener Würstchen essen? Oder wenigstens ein Mal? Anton liebte Wiener Würstchen über alles. Er mochte sie heiß, lauwarm und sogar kalt. Er aß sie mit Senf, Ketchup, Mayonnaise und mit Schokostreuseln.

War dagegen etwas einzuwenden? Fehlende Vitamine? Nein, denn er würde sich bereit erklären, pro Würstchen zugleich einen Apfel zu verspeisen. Wenn er unzählige Würstchen äße, kämen logischerweise auch unzählige Vitamine zusammen. Aber seine Mutter sah das nicht ein, unlogisch wie sie war.

Anton beschloss, sich von seinem Hunger und seinem Ärger abzulenken, und zwar mit einem neuen Versuch, die Schrankschublade zu öffnen. Das hatte er schon oft vergeblich probiert. Sie klemmte fest wie ein Weinkorken. Anton hätte zu gern gewusst, was sich darin verbarg.

Wenn er nämlich sein Ohr auf den hölzernen Zwischenboden legte, der das Geheimversteck von der Schublade trennte, meinte er von unten das Geräusch einer feinen Stimme zu hören. Aber der alte Schrank knarrte wohl einfach nur merkwürdig. Vielleicht war die Schublade aber auch ein Geheimfach mit Schatz oder so und derjenige, der

den Schatz versteckt hatte, hatte sie absichtlich verklemmt?
Anton kroch aus dem Schrank, hockte sich davor und machte sich an die Arbeit. Er zerrte am Schubladenknauf, schob an einer Ecke und ruckelte an der anderen. Er versuchte es sachte und feste, langsam und schnell. Ohne Erfolg. Er war schon kurz davor aufzugeben, als er auf der Schrankunterseite einen kleinen eisernen Riegel ertastete. Das musste die Lösung sein! Stück für Stück schob Anton ihn zurück ins Scharnier. So. Gespannt zog er am Schubladenknauf. Knarrend löste sich die Lade aus dem Schrank. Anton zog sie weiter auf und schloss dabei die Augen, um die Spannung zu erhöhen.
Als er die Augen öffnete, schaute er auf einen verstaubten Lebensmittelvorrat aus Weckgläsern und Konservendosen. Er schaute genauer hin, kniff die Augen erschrocken sofort wieder zu und startete einen neuen Versuch, doch der Anblick blieb derselbe. Anton starrte auf den enttäuschendsten Schatz, den je ein Mensch gefunden hatte: Unmengen von Kohl. Weißkohl, Rosenkohl, Rotkohl und Grünkohl.
„Mach auf, mein Herr, bitte mach auf!“, rief eine feine Stimme. „Ich bitte untertänigst: Öffne das Glas!“
Verdutzt schaute Anton auf die Weckgläser.

„Hier, mein Herr, hier bin ich! Im Würstchenglas!"
„Mein Hunger spielt mir einen Streich", dachte Anton. „Genau, das wird es sein. Ich bin so hungrig, dass ich schon hazulliniere, oder wie das heißt. Ich spinne. Vor lauter Hunger höre ich Stimmen. Würstchenstimmen."
„Nun mach schon, mein Herr! Öffne geschwind mein Verlies! Es ist das Würstchenglas mit dem Schraubverschluss!"
Tatsächlich entdeckte Anton zwischen den vielen Weckgläsern mit Kohl ein Würstchenglas mit einem Deckel aus Blech.
„Richtig, mein Herr!", rief die Stimme. „Hier bin ich gefangen!"
Anton nahm das Glas in die Hand und starrte hinein. Er entdeckte nichts außer einem halben Dutzend Wiener Würstchen in einer trüben Flüssigkeit und einem Aufkleber, den Anton nach und nach entzifferte: Min-des-tens halt-bar bis No-vem-ber 1956. „Diese Würstchen sind uralt", dachte Anton bekümmert. „Die kann man nicht mehr essen."

Anton schraubte den Deckel los. Es ging leichter, als er erwartet hatte. Ein Geräusch wie von einem kurzen Windstoß folgte. Zischend entwich etwas, das im ersten Moment wie eine kleine braune Wolke aussah. Die Würstchen lösten sich auf. Übrig blieben nur ein paar Krümel, die in der Brühe schwebten wie Fischfutter. Über dem Glas aber hüpfte eine kleine, bräunliche Gestalt ausgelassen in der Luft herum und rief in einem fort: „Gerettet! Endlich, endlich!“ Dann verneigte sie sich tief: „Gestatten, der Herr, mein Name ist Theodor. Zu deinen Diensten.“
„Wie bitte?“, stotterte Anton. „Wer, äh … was?“
„Du kamst noch grad’ zur rechten Zeit:
Schluss mit der Würstchen-Ewigkeit!
Ich bin, mein Herr, damit du’s weißt,
ein waschechter Aromageist.
Du hast mich aus dem Glas befreit,
so bin zum Dienst ich dir bereit.“

Verführerischer Würstchenduft umrahmte den feierlichen Reim von Theodor, dem Geist aus dem Würstchenglas.

1. Fall: Anton glaubte zu hazullinieren. Wie heißt das Wort richtig?

hallifizieren

••–

2. Ein Wunsch nach Antons Geschmack

Staunend betrachtete Anton die seltsame Gestalt, die vor ihm in der Luft schwebte. Theodor war nicht größer als ein Bleistift und sein Körper waberte ein wenig. Alles an ihm war blassbraun, von der altertümlichen Kleidung über das pausbäckige, koboldartige Gesicht mit der Knubbelnase bis zu dem seltsamen Hut, der so ähnlich aussah wie ein Salzstreuer. Er verneigte sich so tief, dass er fast zurück ins Würstchenglas gepurzelt wäre. Ein wenig hastig richtete er sich wieder auf.

Anton zog die Augenbrauen zusammen. „Was bitte bist du? Ein Aromageist?"

„Ganz richtig." Theodor nickte.

Anton dachte angestrengt nach. Also: Geister gab es gar nicht. Damit fing jede logische Überlegung schon einmal an. Aber er konnte doch niemandem Fragen stellen, den es gar nicht gab! Mit Logik kam man hier irgendwie nicht weiter … Also beschloss Anton, Theodors Behauptung erst einmal hinzunehmen.

halluzinieren	halutzinieren
—•	—•—•

„Bist du ein guter Geist?“, erkundigte er sich. Nur zur Sicherheit, denn ein Geist aus einem Würstchenglas konnte nur ein guter sein, das war logisch.
„Natürlich!“, rief Theodor.
„Und was macht ein Aromageist so?“, fragte Anton. Theodor lachte vergnügt. Er beugte den Kopf, sodass sein Salzstreuerhut auf Anton zielte, holte mit beiden Armen aus und wedelte kräftig drauflos, so, als würde er etwas verteilen, das aus seinem Hut rieselte. Auf der Stelle stieg Anton ein herrlicher Duft von Wiener Würstchen in die Nase.
„Das Aroma eines Kiefernwaldes nach einem Sommergewitter, mein Herr!“, rief der Geist stolz. „Oder magst du lieber den Duft von einem Feld, das

von überreifen Erdbeeren überquillt?“ Er wedelte aufs Neue. Würstchengeruch kitzelte Antons Nase.
„Was hältst du von Rosenduft im August?“ Theodor warf Anton huldvoll die kurzen Arme entgegen und wieder roch es verführerisch nach Wiener Würstchen. Trixi, die vor dem Gartenschuppen auf Anton wartete, schnupperte interessiert und leckte sich erfreut über die Schnauze.
Drinnen tanzte Theodor übermütig in der Luft und waberte hin und her wie Wackelpudding.
„Du denkst an einen Duft?
Ich schick ihn durch die Luft!“, rief er.
„Du brauchst einen Geschmack?
Ich bring ihn her, zack, zack!
Man nennt mich den Aromakönig,
im Geisterreich ist das nicht wenig!“
Anton schüttelte tadelnd den Kopf. „Du bist kein König, du bist ein Angeber.“
„Was?“ Theodor waberte empört hin und her. „Ein Angeber? Ich?! Der bescheidenste Aromageist der Welt? Wieso?“
„Weil du in Wirklichkeit nur einen einzigen Geruch verbreiten kannst“, sagte Anton. „Den von Wiener Würstchen.“
Theodors Blassbraun wurde plötzlich noch blasser.

Er sackte in der Luft zusammen und landete als wolkiges Häufchen Elend auf dem Rand des Würstchenglases.
„Das habe ich befürchtet“, flüsterte er. „Ich war zu lange in diesem Glas eingesperrt. Fünfzig Jahre, vier Monate, elf Tage und dreizehneinhalb Stunden.
Ich habe genau mitgezählt.“
Nun tat der kleine Geist Anton leid. „Wie bist du denn da hineingeraten?“, fragte er mitfühlend.
Theodor rappelte sich wieder auf und stieg ein Stück in die Luft.
„Bei der Würstchenherstellung wurde eine Kräutermischung verwendet, für die ich zuständig war. Eine Mischung aus Bärlauch, Beifuß und Meersalz. Ich schaute mich nach meiner Ankunft ein wenig in der Fabrik um und schwebte durch die Abfüllanlage.
Plötzlich sprang ein Gebläse an, ich wurde eingesaugt, rutschte unversehens mit all den Würstchen ein Band entlang, plumpste ins Glas, und schon wars passiert.“
Der Aromageist schaute Anton traurig an und seufzte.
„Für einen Flaschengeist sind fünfzig Jahre eigentlich nicht viel, aber einem kleinen Aromageist tut es nicht gut, so lange auf engstem Raum mit demselben Geruch eingesperrt zu sein.“

Anton schaute Theodor aufmerksam an. „Du bist ein Flaschengeist?“
„So ist es, mein Herr.“
„Ha!“, rief Anton so heftig, dass die kleine Geistergestalt ein Stück nach hinten wehte. Er hatte einen echten Flaschengeist befreit! Er kam zwar nicht aus einer Wunderlampe wie bei Aladin, sondern aus einem ollen Würstchenglas, aber Flaschengeist war Flaschengeist. Und die erfüllen bekanntlich dem, der sie rauslässt, Wünsche.
„Kann ich mir jetzt was wünschen?“, rief Anton aufgeregt.
Theodor nickte würdevoll.
„Wie viele Wünsche habe ich? Einen, zwei, drei, unendlich viele?!“
„Bedauerlicherweise nur einen, mein Herr. Das richtet sich immer ein wenig nach der Macht des Geistes, und auch nach … “
„Ha!“, unterbrach Anton. „Macht gar nichts!“

Er brauchte nämlich nicht mehr als einen Wunsch. So einfach war das. Denn obwohl es eigentlich keine Geister gab, wusste Anton schon lange, was er sich wünschen würde, wenn ihm einmal ein Flaschengeist über den Weg liefe. Jedenfalls keine Truhe voller Gold. Oder Gesundheit und ein langes Leben. Auch keinen Sack voller Edelsteine. Nein. Alles Quatsch. Dachten die Leute in den Märchen denn überhaupt kein bisschen nach?

„Ich wünsche mir …“, sagte Anton feierlich und betonte jede Silbe, „… dass ich mir alles wünschen kann!“

Theodor schüttelte nachsichtig den Kopf. „Mein Herr, ich bin ein Aromageist. Der Wunsch muss etwas mit einem Duft oder einem Geschmack zu tun haben.“

„Warum hast du das nicht gleich gesagt?“, rief Anton enttäuscht.

„Du hast mich nicht ausreden lassen.“

„Du bist mir ein schöner Flaschengeist“, maulte Anton. „Na gut. Ein Geschmackswunsch ist immer noch besser als gar keiner.“

2. Fall: Wie lange war Theodor in dem Glas eingesperrt?

50 Jahre, 11 Monate, 4 Tage und 13,5 Stunden

– – – .

Anton überlegte. Die Wunschrichtung war völlig klar: Sie führte geradewegs zu seinem Lieblingsgericht.
„Wiener Würstchen“, murmelte er. Auf der Stelle meldete sich Antons Hunger wieder und wuchs so mächtig, bis er nur noch Gedanken zuließ, die aussahen, rochen und schmeckten wie Wiener Würstchen.
„Was höre ich da?“ Theodor horchte auf. „Magst du diese Dinger gern?“
„Ich liebe sie über alles!“, rief Anton. „Es gibt nichts Besseres auf der ganzen Welt!“
„Das ist ja vortrefflich!“ Theodor lachte vergnügt. „Ich habe einen Vorschlag für dich! Wünsche dir einen Geschmackstausch mit mir! Fünfzig Jahre Würstchenaroma wären dir sicher.“
„Einverstanden!“, rief Anton. Dieses Angebot war einfach unwiderstehlich.
Der kleine Geist tanzte vor Freude. Nie hätte er gedacht, dass er den elenden Würstchengeschmack so einfach loswerden könnte. Dann hielt er inne und verneigte sich ernst. „Du musst mir genau nachsprechen, sonst kommt am Ende ein anderer Wunsch heraus.“

50 Jahre, 4 Monate,
11 Tage und 13,5 Stunden

••–

50 Jahre, 4 Monate,
11 Tage und 13,25 Stunden

–••–

Theodor breitete bedeutungsvoll die kurzen Arme aus und verkündete mit wichtiger Miene:

„Ich wünsche ab sofort und hier
Geschmackstausch mit dem Theodor!
Meiner zu ihm, seiner zu mir,
der Geist spricht mir die Formel vor:
Ob dicke Wurst, ob dünne Wurst,
ob große Wurst, ob kleine Wurst,
ob Wurst mit oder ohne Durst,
ob Wurst mit Senf, mit Mayonnaise,
stets schmeckts nach Wurst und nie nach Käse!
Auf dass ich immer Würstchen schmeck',
denn das ist dieses Tausches Zweck!
Aroma, Oramo, Ahoi! “

Anton wiederholte gewissenhaft jede Zeile und wartete gespannt. Einen Moment lang hatte er das seltsame Gefühl, dass jemand an seiner Zunge herumzupfte. Dann rief Theodor: „Es hat geklappt! Ich spüre es! Meine Aromen sind wieder da!“

Er schimmerte nun in allen Farben und sein Salzstreuerhut schillerte in allen Grüntönen, die sich denken lassen. Vom Blaugrün des Salbeikrauts über das frische, helle Grün der Minze bis hin zum dunklen Tannengrün des Rosmarins.

3. Fünfzig Jahre Würstchenduft

Theodor war außer sich vor Freude. Übermütig schüttelte er seinen Salzstreuerhut hin und her wie eine Rassel und streute die nächstbesten Aromen aus, die ihm einfielen.

„Kirschenduft an einem Sommerabend! Rosen an einem Regentag! Frischer Mist aus einem Kuhstall!"

Anton schnupperte einen Geruch nach dem anderen, und als die Gülle streng in seine Nase stach, hielt er die Luft an. „Aber wieso bemerke ich den überhaupt?", dachte er verwundert. Theodor lachte, als könne er Gedanken lesen.

„Du hast deinen Geschmack mit mir getauscht, mein Herr, aber nicht den Geruchssinn. Riechen wirst du wie bisher. Nun ja, fast. Ein wenig wirkt sich der Würstchengeschmack auch auf deine Nase aus."

Tatsächlich spürte Anton zwischen der Mischung aus Blumenduft und Landluft einen verheißungsvollen Geruch nach Wiener Würstchen. Sein Blick fiel auf die uralten Weckgläser mit labbrigem Kohl. Nun betrachtete Anton sie mit ganz anderen Augen. Müsste das Zeug jetzt nicht auch nach Wiener Würstchen schmecken, dem allerbesten aller guten Geschmäcker?

„Moment, mein Herr!“, rief Theodor. „Der Kohl würde dir zwar gewiss munden. Aber er bleibt trotzdem ein wenig betagt. Mir will scheinen, dass er nach fünfzig Jahren verdorben sein könnte.“

Anton schreckte zurück. Die Vorstellung, um ein Haar vergammelten Kohl verspeist zu haben, jagte ihm einen gehörigen Schauer über den Rücken.

Dann flitzte er los. Er umkurvte das ganze Schuppengerümpel in Rekordzeit und beachtete nicht einmal

Trixi, die schwanzwedelnd vor der Hütte wartete, um gestreichelt zu werden. Anton zischte mit Vollgas an ihr vorbei, quer durch den Garten ins Haus. Trixi rannte sogleich hinterher. Trotz ihrer kurzen, krummen Dackelbeine konnte sie normalerweise ebenso schnell laufen wie Anton, aber diesmal blieb sie weit zurück.

Antons Mutter war gerade dabei, einen Apfelkuchen aus dem Backofen zu holen. Die ganze Küche roch herrlich danach. Das war ein Trick, denn damit wollte sie Anton dazu bringen, etwas von der Blumenkohlsuppe zu probieren, die er beim Mittagessen verschmäht hatte. Zur Belohnung sollte er dann zwei Stücke Kuchen essen dürfen. Und wenn der Trick nicht funktionierte? Dann würde sie ihn trotzdem von dem Apfelstreusel naschen lassen. Aber nur ein Stück. So hatte sie es sich ausgedacht.

Anton stürzte in die Küche, schnappte sich einen großen Suppenteller aus dem Schrank und fischte einen Löffel aus der Schublade. Die Mutter schaute verwundert vom Kuchenblech hoch.

Schon saß Anton am Tisch, schlug ungeduldig mit dem Löffel auf die Tischplatte und starrte sie hungrig an. „Ist noch was von der Blumenkohlsuppe da?“

„Natürlich ist noch was davon da“, sagte die Mutter. „Sie ist aber mittlerweile kalt geworden.“
„Dann probier ich sie eben kalt!“
„Anton, gehts dir gut?“, fragte seine Mutter ein wenig besorgt.
„Wenn man genug Hunger hat, schmeckt auch kalte Blumenkohlsuppe“, erklärte Anton.
„Ich wärme sie trotzdem auf“, sagte die Mutter.
Wenig später schaute sie ungläubig staunend zu, wie Anton, der große Gemüsefeind, Blumenkohlsuppe in sich hineinlöffelte. Am Ende war sogar die Portion, die sie zum Einfrieren vorgesehen hatte, bis auf den allerletzten weißen Strunk in seinem Magen verschwunden.
„Jetzt gehts mir besser.“ Anton seufzte wohlig auf. „Bis vor kurzem hätte ich nie gedacht, wie herrlich so eine Suppe mit schön viel Blumenkohl drin schmecken kann.“ Er schnalzte genießerisch mit der Zunge, setzte sich bequem hin und faltete die Hände vor dem Bauch. „Puh, jetzt bin ich aber satt.“

3. Fall: „Ich wünsche mir“, hatte Anton gesagt, „dass ich nie wieder Blumenkohlsuppe essen muss.“

•—••

Die Mutter betrachtete ihn mit sehr gemischten Gefühlen. Einerseits fand sie es gut, dass er endlich sein allzu wählerisches Essverhalten änderte, andererseits kam ihr diese Wende viel zu schnell und heftig vor. Vielleicht war sie am Mittagstisch zu streng gewesen?

Anscheinend hatte Anton gehungert wie ein Wolf im sibirischen Winter.

Sie verspürte ein schlechtes Gewissen.

„Der Apfelkuchen ist gerade fertig“, sagte sie zögernd. „Den habe ich extra für dich gebacken. Willst du ein Stück probieren?“

„Muss nicht sein“, erwiderte Anton lässig und versuchte vergeblich, ein Rülpsen zu unterdrücken. „Ich weiß schließlich genau, wie der schmeckt.“

Das Gesicht seiner Mutter nahm einen sorgenvollen Ausdruck an. „Lass mal deine Stirn fühlen“, sagte sie, aber Anton schüttelte den Kopf.

„Mir gehts ganz prima, Mama, glaub mir.“ Tröstend fügte er hinzu. „Na los, ein kleines Stück esse ich noch. Dir zuliebe.“

---

ab sofort alles nach Würstchen schmeckt.“

•–––

ich mir alles wünschen kann!“

•••

Es war ein ulkiges Gefühl, etwas im Mund zu haben, das nach Apfelstreusel roch und nach Wiener Würstchen schmeckte.
Für Anton begann eine herrliche Zeit. Alle Nahrungsmittel, die irgendwer erfunden hatte, um Kinder wie ihn zu ärgern, schmeckten nach Wiener Würstchen: Glibberwurst und Stinkkäse, Oliven und Kapern, Kürbissuppe und Wirsingeintopf. Anton machte sich einen Spaß daraus, alles zu verputzen und seine Eltern zu verblüffen, und bei seinen Besuchen im Geheimversteck erzählte er Theodor davon. Der kleine Würstchengeist hauste seit dem Tag seiner Befreiung in einem Topf mit ausgetrockneter Farbe.
„Freut mich, wenn es dir schmeckt, Anton“, sagte er und kicherte kollernd wie ein winziger Truthahn. Dann schwenkte er seinen Salzstreuerhut und streute Aromen aus, bis der Gartenschuppen roch wie eine Kräuterküche.
Es stellte sich jedoch heraus, dass Anton im Würstchenfieber eines nicht so recht bedacht hatte: Nicht nur die ekligen Sachen schmeckten nach Wiener Würstchen, sondern alle anderen auch:
Kuchen und Schokolade, Cornflakes und Gummibärchen, Bananen und Blaubeeren, ja, sogar Früchtetee und Apfelsaft.

Eines Tages bekam Anton in der Schule großen Appetit auf Nusskekse. Seine Lieblingssorte war schön knusprig und mit einer besonders leckeren Schicht Nusscreme in der Mitte versehen.
Anton lief beim Gedanken daran schon in der ersten Stunde das Wasser im Mund zusammen, und mit jeder Minute wuchs sein Verlangen. In Deutsch stellte er sich vor, er schriebe einen Aufsatz mit dem Titel „Der unerschöpfliche Nusskeksvorrat“. In Mathe rechnete er im Stillen aus, wie viele Kekse in zweihundertdreiundfünfzig Großpackungen enthalten waren, und während des Sportunterrichts rannte er am schnellsten von allen Kindern, weil er immer einen Nusskeks knapp vor sich sah. Schließlich vergaß Anton sogar den Geschmackstausch. Gleich nach Schulschluss rannte er weiter bis zum nächsten Laden und opferte sein Taschengeld für das Gebäck

seiner Träume. Kaum hatte Anton der Kassiererin das Geld gegeben, riss er die Verpackung auf und stopfte den ersten Nusskeks in den Mund. Uuh! Der war verdorben! Der kam nicht aus einer Backstube, sondern aus einer Räucherkammer!

Anton spuckte das Würstchengebäck vor Schreck wieder aus.

„Das ist ja unerhört!“, sagte die Verkäuferin. „Kannst du dich nicht benehmen?“

„Jawohl, das ist unerhört!“, entgegnete Anton wütend und verzog das Gesicht. „Ihre Nusskekse schmecken nach Würstchen!“

„Was redest du da für einen Unsinn?“, schimpfte die Verkäuferin.

In dem Moment fiel Anton der Handel mit Theodor wieder ein. „Na klar, nach Würstchen …“

Er wurde knallrot. „Entschuldigung“, murmelte er. „Es ist nur …“

„Ja?“, fragte die Verkäuferin streng.

„Ach … das können Sie ja doch nicht verstehen!“

4. Fall: Theodors Kleidung verändert sich je nach Stimmung.

Sie kann blass oder bunt schillernd werden.

Anton machte, dass er fortkam. Draußen rannte er, bis er völlig aus der Puste war.
Dann verschnaufte er auf einer Bank und munterte sich auf. „Anton, was willst du“, sagte er sich. „Du bist der einzige Mensch, der Würstchen-Nuss-kekse kennt. Was gibts da zu meckern? Nichts.“
Er nahm einen neuen Nusskeks, biss hinein und sagte fest entschlossen: „Mhmm, gut.“
Dennoch nahm Antons Leidenschaft für Wiener Würstchen von nun an unaufhaltsam ab. Erst langsam und dann immer schneller.
Tag für Tag erinnerte er sich wehmütiger an die vielen Geschmäcker, die er verloren hatte. Schließlich wurde er regelrecht wunderlich und trauerte sogar dem Aroma von Blumenkohl nach!
Tapfer versuchte er den Würstchengeschmack zu vergessen, indem er sich einfach weiter einredete, dass alles so schmeckte, wie es sich gehört. Eine Weile klappte das halbwegs. Doch eines Nachmittags kaufte er sich ein italienisches Eis mit seinen Lieblingssorten.

Sie kann fleckig
und dreckig werden.

– –

Sie kann gestreift
und kariert werden.

–·–·

„Leckeres Vanille!“, sagte Anton sich, und: „Herrlicher Zitronengeschmack!“
Genussvoll begann er zu lecken. Eine Sekunde später feuerte er das Eis in den Rinnstein. Bääh! Ein italienisches Eis, das nach Würstchen schmeckt, ist absolut ungenießbar, da kann sich einer vorstellen, was er will.
„Das reicht“, dachte Anton. „So geht es nicht weiter. Wiener Würstchen können mir gestohlen bleiben, und zwar ein für alle Mal. Theodor muss mir meinen Geschmack zurückgeben.“ Entschlossen machte er sich auf den Weg zum Schuppen.

4. Dicke Luft im Schuppen

Trixi begleitete Anton durch den Garten. Sie legte ihre Stirn in Denkerfalten und guckte Anton neugierig an. „Dir wäre das bestimmt nicht passiert“, murmelte Anton. „Du würdest dich nie über Würstchengeschmack ärgern. Aber ich kann ihn wirklich nicht mehr ertragen.“
Die Dackeldame wedelte zustimmend mit dem Schwanz. Anton betrat den Schuppen und Trixi blieb wie immer davor sitzen. Seit das Gartenhaus jeden Tag neue Gerüche bot, machte ihr das Warten auf Anton noch mehr Spaß als früher. Jetzt schnüffelte Trixi und zog ein wenig missmutig die Nase kraus. Was sie diesmal roch, gefiel ihr nicht besonders.
Im Schuppen stank es fürchterlich nach verbrannter Pizza.
Theodor waberte eifrig über der Dose mit eingetrockneter Farbe hin und her.
„Ich übe den Duft von Oregano, zusammen mit Tomatensoße und zerlaufenem Käse!“ Fachkundig schnüffelnd streckte er seine Knubbelnase steil in die Luft.
„Hm, na ja. An ein paar Kleinigkeiten muss ich noch feilen.“

Anton holte tief Luft und sagte entschlossen: „Theodor, es geht nicht mehr."
„Oh doch, es geht mehr", erklärte der Geist fröhlich. „Du wirst es gleich merken. Den Brandgeruch filtere ich noch heraus."
„Das meine ich nicht!", rief Anton. „Ich möchte ..."
„... reinen Pizzaduft!", rief Theodor. „Stimmts? Du wirst ihn bekommen! Gleich werde ich ihn verbreiten, wie er im feinsten italienischen Restaurant nicht besser sein kann. Pizza mit dem Aroma der Kräuterwiesen des Mittelmeeres. Die Pizza der Kö..."
„Ich will keinen Pizzageruch", unterbrach Anton. „Den kann ich sowieso nicht schmecken! Ich brauche meinen Geschmack zurück!"
Vor Schreck plumpste Theodor in seine Farbdose. Dabei rutschte ihm der Salzstreuerhut über das Gesicht. Orientierungslos torkelte er herum und rummste wie eine verirrte Hummel gegen die Innenwände seiner Behausung. Dann fing er sich, schwebte nach oben und setzte sich verdattert auf den Dosenrand.
„Habe ich richtig gehört? Der größte Würstchenliebhaber der Welt will fortan auf den Geschmack von Wienern verzichten?"
„Schon beim Gedanken daran wird mir übel!", schimpfte Anton. „Ich habe ein für alle Mal genug von

Würstchen. Nimm bitte sofort deinen Geschmack zurück und gib mir meinen wieder."

„Das geht nicht", sagte Theodor und lächelte Anton etwas schief an. „Tut mir leid."

„Warum nicht?", fragte Anton etwas kläglich.

„Weil du es dir so gewünscht hast", erklärte der Geist ernst und verschränkte die kurzen Arme vor seinem regenbogenbunten Wams.

„Erinnerst du dich nicht mehr? Du hattest einen Wunsch frei, und dein Wunsch lautete: Fünfzig Jahre, vier Monate, elf Tage und dreizehneinhalb Stunden Würstchengeschmack."

„Es war der einzige Wunsch, den du erfüllen konntest", erwiderte Anton bitter. „Ich glaube, du hast mich reingelegt!"

„Wunsch ist Wunsch." Theodor zuckte mit den Achseln und eine weitere Brise verbrannten Pizzageruchs stieg in Antons Nase.

„Wenn ich gewusst hätte, wie gemein du bist, hätte ich dich niemals befreit!“, rief Anton und seine Stimme bebte vor Zorn.
Draußen vor dem Schuppen lüpfte Trixi die Ohren. Gab es Schwierigkeiten? Vorsichtshalber bellte sie einige Male zaghaft.
Im Schrank waberte der Aromageist empört hin und her. „Gemein? Ich, der edle Theodor? So hat mich noch nie jemand genannt! Ich bin ein guter Geist!“
„Dann gib mir gefälligst meinen Geschmack zurück!“
„Das ist leicht gesagt“, rief Theodor. „Aber ein erfüllter Flaschengeistwunsch lässt sich nicht einfach so rückgängig machen.“
Er sprang auf und kreiselte aufgeregt durch die Luft. „Und was würde dann aus mir? Was wäre ein Aromageist, der über fünfzig Jahre hinweg nichts produzieren könnte außer Würstchenaroma?“
Er sackte in sich zusammen und flüsterte: „Ein armes, armes Würstchen.“
Der kleine Geist sah nun so erbärmlich unglücklich aus wie in dem Moment,

5. Fall: Wann hat Anton endgültig vom Würstchengeschmack genug?

Als er in seine geliebten Nusskekse beißt.

••——

als er zum ersten Mal festgestellt hatte, dass durch all die Jahre im Würstchenglas seine Fähigkeiten verloren gegangen waren, die verschiedensten Düfte zu produzieren.

„Können wir denn nicht beide unseren alten Geschmack zurückbekommen?“, fragte Anton aufmunternd. „Vielleicht mithilfe eines mächtigeren Geistes, als du einer bist?“

Theodor stieg in die Luft auf und begann, während er durch den Schrank schwebte, geisterscharf nachzudenken. Sein Salzstreuerhut bebte, seine bunte Kleidung schillerte heftig und er murmelte unablässig in einer Sprache vor sich hin, die nur Aromageister verstehen. Schließlich kehrte Theodor auf den Rand der Farbdose zurück und sah Anton ernst an.

„Wie ich's nach Geisterart auch drehe und wende“, erklärte er umständlich. „Es gibt nur eine einzige Möglichkeit für uns, den Wunschbann zu lösen und dir deinen Geschmack zurückzugeben. Wir müssen jemanden finden, der den Würstchengeschmack für dich übernimmt. Und zwar freiwillig. Einen echten

---

Als er sich eines Nachmittags ein italienisches Eis kauft.

•

Als er ein Stück Schokolade geschenkt bekommt.

• — • •

Würstchenliebhaber! Einen absoluten Fan! Jemanden, der sich über fünfzig Jahre Würstchengeschmack auch nach neunundvierzig Jahren noch freut!"

„Das klappt nie!", rief Anton enttäuscht. Er hätte heulen können. Doch Theodor schwebte auf seine Schulter, lächelte bezaubernd und tätschelte ihm zuversichtlich die Wange. Das fühlte sich so drollig unwirklich an, dass Anton neuen Mut schöpfte.

„Meinst du, wir finden jemanden?", fragte er.

„Oh ja, mein Herr!" Theodor nickte kräftig und aus seinem Hut waberte der Geruch von verbrannter Pizza direkt in Antons Nase. „Es wird wohl ein paar Jährchen dauern, aber wen stört das schon!"

„Was?!" Anton stampfte heftig auf. Theodor purzelte von seiner Schulter zu Boden und hinterließ ein wenig beißenden Qualm. „Ein paar Jährchen?", rief Anton. „So lange kann ich nicht warten! Was denkst du dir? Ich bin kein Geist!"

„Ach richtig, das habe ich übersehen", sagte Theodor kleinlaut. Er rappelte sich wieder auf und rückte

seinen Salzstreuerhut zurecht. Dabei entwich ein weiteres Wölkchen Brandgeruch.
„Und hör gefälligst auf, diesen Gestank zu verbreiten!“, rief Anton. „Sonst holt noch jemand die Feuerwehr und die setzt mein Geheimversteck unter Wasser! Du machst alles nur noch schlimmer! Ab sofort ist hier Schluss mit der blöden Aromaherstellung, kapiert?“
Theodor nickte unglücklich. Er schwebte zerknirscht zu seiner Farbdose und verschwand darin.
Der kleine Geist ließ sich auf dem Grund der Dose nieder, stützte den Kopf in beide Hände und schwieg.
Anton starrte finster vor sich hin. Nach einer Weile hörte er Theodors Stimme aus dem Inneren der Dose. Sie klang zaghaft und ein wenig dumpf.
„Mein lieber Herr Anton?“
„Was denn schon wieder?“, erwiderte Anton mürrisch.
Der Salzstreuerhut tauchte zögernd aus der Farbdose auf und darunter Theodors schüchternes Gesicht.
„Würde es dir vielleicht gut tun, wenn ich die Versuche mit dem Pizzaaroma nicht weiterführe und stattdessen für dich … etwas … etwas ganz Neues schaffe?“
„Nein“, sagte Anton.
„Nur um die unerquickliche Wartezeit zu verkürzen,

bis wir den Liebhaber von fünfzig Jahren Würstchengeschmack gefunden haben“, fügte der Geist eifrig hinzu.

Anton schüttelte den Kopf.

„Ich verstehe dich gut, mein Herr“, erklärte Theodor in schmeichlerischem Tonfall. „Doch ich gebe zu bedenken, dass man nie vorschnell aus einer schlechten Laune heraus urteilen sollte. Ich habe nämlich vor, einen Duft zu schaffen, wie ihn das Aromageisterreich noch nicht erlebt hat! Nur für dich und nur solange du dem Würstchengeschmack noch in außerordentlicher Weise verbunden bist. Na, möchtest du wissen, um was es sich handelt?“

„Hmpf“, machte Anton.

„Würstchenduft mit … Marzipanaroma!“, rief Theodor. Er reckte stolz den Kopf und schaute Anton selbstgefällig an. „Nicht wahr, mein Herr, das überzeugt ein jedes Menschenkind?“ Der kleine Geist schnippte mit den Fingern und wedelte eine Prise Würstchengeruch zu Anton hinüber.

6. Fall: Was sagt Anton in seiner Wut zu Theodor?

„Niemand stellt mehr irgendein Aroma her, bis ich meinen Geschmack wieder habe, kapiert?“

–·–

Der holte so tief Luft, dass er rot anlief.
„Nein!!“, schnauzte er.
Theodor schoss steil in die Luft und drehte vor Schreck eineinhalb Salti.
„Nein, nein und noch mal nein!“, herrschte Anton Theodor an. „Niemand stellt mehr irgendein Aroma her, bis ich meinen Geschmack wieder habe, kapiert? Du bringst jetzt sofort den Gestank zum Verschwinden und dann denkst du nach! Du wirst dich nicht vom Fleck rühren, bis du die Lösung hast, und wenn es fünfzig Jahre dauert, klar?!“
Theodors Wams war grau geworden.
„Jawohl, mein Herr“, murmelte er und wischte den Geruch von verbrannter Pizza mitsamt der Prise Marzipanwürstchenaroma mit einer schlaffen Armbewegung fort. Dann ließ er sich auf dem Rand der Farbdose nieder, stützte den Kopf in beide Hände und schloss die Augen. „Ich denke schon, mein Herr, ich denke.“
„Das will ich hoffen“, sagte Anton und zog sich ins Geheimversteck zurück, um ebenfalls zu grübeln.

„Du verbreitest hier keinen Gestank mehr, verstanden!?“

••

„Ich werde mich gegen dich Geschmacksbetrüger wehren, kapiert?!“

•––

5. Würstchenliebhaber gefunden!

Was war da drin los?
Trixi stand mit gespitzten Ohren vor der Schuppentür.
Erst wütendes Geschrei und nun nichts als Stille?
Brauchte ihr Herrchen Hilfe? Gab es etwa Ärger mit dem komischen Vogel, der neuerdings im Schuppen bei Anton hauste?
Das konnte sie sich nicht vorstellen. Der Vogel war schließlich kaum größer als ein Hamster und außerdem war er nett. An dem Tag, an dem er aufgetaucht war, hatte es wundervoll nach Wiener Würstchen gerochen. Trixi wusste nicht viel von der Welt, aber das eine wusste sie genau: Der Geschmack und der Geruch von Wurst, Wurst und wieder Wurst waren das Herrlichste, was es auf Erden gab.
Plötzlich war der Dackeldame alles klar:
Im Schuppen war ein Dieb! Soeben hatte er die verbrannte Pizza gestohlen und nun wollte er Anton und dem komischen Vogel auch noch die Wurst wegnehmen!
Aber nicht mit Trixi! Die tapfere Dackeldame sprang behände hoch und drückte die Türklinke nieder.
Sie nahm Anlauf und stürmte wild knurrend und mit gesträubtem Fell mitten in den Schuppen hinein.

Vor dem alten Schrank bremste sie scharf ab und schaute sich verwundert um.
Es war kein Dieb zu sehen.
Nur der komische Vogel saß auf einer Farbdose im Wandregal und schaute sie mit großen Augen an.
Anton streckte den Kopf aus seinem Geheimversteck.
„Trixi“, sagte er verwundert.
„Trixi“, wiederholte Theodor nachdenklich.
Plötzlich schauten beide so verblüfft, als hätten sie noch nie einen Dackel gesehen.
„Was guckt ihr so?“, bellte Trixi und legte ein wenig verlegen den Kopf schief. „Wo ist der Dieb? Ich knöpf ihn mir vor!“

„TRIXI!!“, jubelten Anton und Theodor gleichzeitig. Anton kletterte aus dem Geheimversteck und umarmte seinen kleinen Hund heftig. Theodor schillerte plötzlich so stark wie noch nie. Seine Kleider hatten Blüten- und Kräuterfarben wie eine Sommerwiese im Juni, und vor Aufregung stieß er Aromawolken aus wie eine schnaufende Dampflok.

Anton ergriff Trixi an den Vorderpfoten.

Er zog seinen verdutzten Hund hoch, bis er auf den Hinterbeinen stand, Theodor schwebte hinzu und schon tanzten die drei durch den Schuppen.

„Wie wäre es mit fünfzig Jahren Würstchengeschmack?“, rief Anton.

Trixi japste vor Begeisterung. Sie wedelte heftig mit dem Schwanz und drehte sich um sich selbst wie ein Kreisel.

Alles war gut! Die Wurst war noch da und sie würde fünfzig Jahre reichen, was immer das auch hieß!
Theodor schwebte zurück zu seiner Farbdose und landete auf dem Rand.
„Jetzt muss ich mich konzentrieren“, sagte er ernst. „Die Sache ist nicht ganz einfach. Schließlich handelt es sich hier nicht um einen Geschmackstausch, sondern um eine freiwillige Übernahme.“
Der Geist begann auf dem Dosenrand im Kreis herumzuwandern. Dabei murmelte er in der Sprache der Aromageister vor sich hin.
Trixi setzte sich auf die Hinterpfoten, leckte sich voller Vorfreude über die Schnauze und schaute Anton und Theodor erwartungsvoll an.
Endlich sagte Theodor: „Die Sache kann losgehen. Jetzt hab ich die Zauberformel vollständig im Kopf. Seid ihr bereit?“
Anton nickte und Trixi wedelte mit dem Schwanz.
„Reicht einander die Hände, edler Herr und edles Hundegeschöpf“, befahl Theodor. „Äh, ich meine, reicht euch die Hände und Vorderpfoten!“
Anton befolgte die Anweisung und Trixi dachte: „Schon wieder Kunststücke? Wo bleibt die Wurst?“
„Sprich mir genau nach“, sagte Theodor und verkündete feierlich:

„Ich habe hier mein Dackeltier!
Es mag mich sehr und Wurst noch mehr!“
Gehorsam wiederholte Anton die magischen Worte.
„Es nimmt für mich den Wurstgeschmack,
weil es die Wurst so gerne mag!“, fuhr Theodor fort.
„Mein Hund tut dies aus freien Stücken
und um sich selber zu beglücken!
Aroma, Oramo, Ahoi!“
Silbe für Silbe sprach Anton die Zauberformel nach.
Dann fragte er: „Fertig?“
Theodor nickte und Anton fühlte eine riesengroße Erleichterung. Endlich vom Wunschbann befreit! Endlich kein Würstchengeschmack mehr! Endlich schmeckte alles wieder normal! Er schaute sich um. Er brauchte auf der Stelle etwas zu essen. Irgendetwas.
Anton fiel ein, dass in seinem Geheimversteck noch eine angebrochene Tüte mit Erdnussflips lagerte.
Er hatte keine Lust gehabt, sie aufzuessen. Sicher waren sie längst labbrig und fade, aber was sollte es!
Anton schlüpfte in den Schrank und holte sie.
Trixi bellte ungeduldig. Anton griff in die Tüte und klaubte ein paar Flips heraus. Theodor schaute gespannt zu.
„Hier, leckere Wiener Würstchen, meine Gute!“, schmeichelte Anton.

Trixi schnupperte interessiert. Das war etwas Neues! Wurst, die gar nicht wie Wurst aussah, sondern wie gelbliche Würmchen! Die Dackeldame verschlang die Flips mit einem Haps. Dann zog sie die Stirn kraus und schaute ihr Herrchen enttäuscht an. Das sollte Wurst sein?

„Besonders begeistert ist sie nicht", sagte Anton.

„Total verwöhnt wie die meisten Haushunde", meinte Theodor.

Gespannt steckte Anton einen Erdnussflip in den Mund – und spuckte ihn wieder aus.

„Der schmeckt nach Würstchen!", rief er empört.

„Das … das ist un… unmöglich!", stotterte Theodor.

„Nach widerlichen, widerwärtigen Wiener Würstchen!"

Wütend feuerte Anton die restlichen Flips auf den Boden. Trixi schnupperte kurz daran und wandte sich lustlos ab.

„Halt, ich habe den Schluss vergessen!“ Theodor griff sich an den Kopf. „Nur eine Kleinigkeit, aber ungemein wichtig! Wie konnte ich nur! Oh, Anton, ich bitte vielmals um Entschuldigung! Kein Grund zur Panik! Wir sind nur noch nicht ganz fertig! Weiter gehts! Los, sprich mir nach:
Dackeltier, gefällt es dir? Insgesamt und …“

„Und wenn es wieder nicht klappt?“, unterbrach Anton ihn. „Was ist dann?“

„Es klappt!“, versprach Theodor. „Ich schwöre es bei meiner Aromageistehre!“

„Na gut“, sagte Anton, weil ihm nichts Besseres einfiel.

Der Schluss des Zauberspruchs lautete so:
„Dackeltier, gefällt es dir?
Insgesamt und voll und ganz?
Dann wedel kräftig mit dem Schwanz!
Aroma, Oramo, Ahoi!“

Trixi hielt verwundert inne. Warum starrten Anton und der komische Vogel sie so an? Und wer zupfte da an ihrer Zunge herum?

7. Fall: Wie heißt der magische Reim richtig?

Ich habe hier mein Dackeltier! Es mag die Wurst und mich noch mehr!

–•

Anton spürte dasselbe, aber ihm kam das merkwürdige Kitzeln bekannt vor.
Trixi schnupperte. Irgendetwas war anders als vorher. Sie schnupperte noch einmal. Plötzlich sahen die gelblichen Würmer, die verstreut auf dem Boden herumlagen, viel leckerer aus als vorher. Sie schleckte einen auf und schnaufte vor Wonne.
Er schmeckte fantastisch! Ein waschechter Würstchenwurm! Ein wundervoller Wurstwurm!
Wieso war ihr diese Köstlichkeit zuvor entgangen?
Trixi sprang auf und verputzte in Windeseile sämtliche Erdnussflips. Ihr Schwanz bewegte sich dabei schneller hin und her als ein Scheibenwischer auf höchster Stufe.
Einen Flip schnappte Anton ihr noch weg. Er schmeckte herrlich labbrig und wunderbar fade, genau wie es sich für einen uralten Erdnussflip gehört. Es war der schönste Geschmack seit langer, langer Zeit.

Ich habe hier mein Dackeltier! Es mag mich sehr und Wurst noch mehr!

• • •

Schau her, hier ist mein Dackelhund, dem schmeckt die Wurst, ob lang, ob rund.

— • •

Was meinst du dazu?

1. Als Anton die ganze Blumenkohlsuppe aufisst, bekommt seine Mutter ein schlechtes Gewissen. Warum? Hast du eine Idee?

2. Was fällt dir an Theodors Sprache auf? Wer spricht so?

3. Theodor hält sich für einen guten Geist. Will er tatsächlich immer das Beste für die anderen? Was meinst du?

4. Kann einem Trixi nicht leidtun? Nun schmeckt für sie ein Dackelleben lang alles nach Würstchen. Was sagst du dazu?

5. Stell dir vor, Anton würde Theodor mit ins Haus nehmen. Was könnte dort alles passieren? Denke dir dazu eine Geschichte aus.

6. Zeichne auf, wie Theodor ins Würstchenglas geraten ist!

Hast du Lust, uns eine deiner Antworten oder das gezeichnete Bild zu schicken? Als Dankeschön verlosen wir unter den Einsendern zweimal jährlich tolle Buchpreise aus unserem aktuellen Programm!
Eine Auswahl der Einsendungen veröffentlichen wir außerdem auf unserer Homepage www.lesedetektive.de.

Wenn du alle Fälle im Buch richtig gelöst hast, kannst du hier das Lösungswort eintragen:

__ __ S __ __ __ __ __ E

1. 2. 3. 4. 5. 6. 7.

Die Duden-Lesedetektive: Leseförderung mit System

Lesedetektive 3. Klasse

48 Seiten, gebunden.
7,95 € (D); 8,20 € (A)

- Luzie findet einen Vogel
- Nelly und der Piratenschatz
- Nelly, die Piratentochter
- Herr von Blech ist verliebt
- Herr von Blech geht zur Schule
- Herr von Blech zieht ein
- Prinz Winz aus dem All
- Viktor und die Fußball-Dinos
- Anne und der geheimnisvolle Schlüssel
- Eins zu null für Leon

Lesedetektive 4. Klasse

48 Seiten, gebunden.
7,95 € (D); 8,20 € (A)

- Die Inselschüler – Der Fall Hampe
- Die Inselschüler – Gefahr im Watt
- Zwei Jungs und eine Zicke
- Betreten verboten!
- Kira und die Hexenschuhe
- Der schlechteste Ritter der Welt
- Der Geist aus dem Würstchenglas

Lesedetektive gibt es für die 1. bis 4. Klasse sowi
als Vorlesegeschichten

www.lesedetektive.d

Gefunden!
Knote den Streifen einfach
an das Lesebändchen an
und fertig ist dein Morsealphabet!
Neben jeder richtigen Antwort im Buch
steht ein Morsezeichen, das du im
Alphabet wiederfindest. Setze nun auf
der letzten Seite die Buchstaben
zum Lösungswort zusammen.